Dietrich Volkmer

Thales
und
die Vorsokratiker

Ein (fiktives) Symposium

Dietrich Volkmer

THALES

und
die Vorsokratiker

Ein (fiktives) Symposium

Die Deutsche Nationalbibliothek verzeichnet diese
Publikation in der Deutschen Nationalbibliografie;
Deteaillierte bibligrafische Daten sind im Internet über
http://dnb.ddb.de
abrufbar

Text, Layout und Umschlaggestaltung: Dr. Dietrich Volkmer
www.literatur.drvolkmer.de

Internet-Seiten
www.literatur.drvolkmer.de
www.privat.drvolkmer.de
www,buchtipps.drvolkmer.de
www.drvolkmer.de

Die Schriftgröße wurde zur besseren Lesbarkeit vergrößert

Verlag:
BoD · Books on Demand GmbH, In de Tarpen 42,
22848 Norderstedt, bod@bod.de
Druck:
Libri Plureos GmbH, Friedensallee 273, 22763 Hamburg
Printed in Germany

ISBN: 978-3-7693-7828-3

Inhaltsverzeichnis

Statue eines griechischen Philosophen
(Museum in Delphi)

Philosophie

Die Philosophie entstand nicht, wie so mancher glaubt, im griechischen Mutterland, zB in Athen, sondern in der östlichen Randzone des griechischen Siedlungsraums, nämlich im ionischen Kleinasien. Verschiedene kulturelle Einflüsse aus Ägypten und Mesopotamien haben sicher dazu beigetragen.

Was mag der Grund oder die Ursache sein, dass nach einer Zeit, in der die Götter omnipräsent waren und weitgehend das Leben der Menschen mit all seinen Facetten bestimmten, neue Denkimpulse in der damaligen Welt auftreten? Dazu mehr in dem Vorwort über die Zeit.

Dieses Buch geht der Frage nach, wieso zu einer bestimmten Zeit im antiken Hellas die sogenannten Vorsokratiker, eine Reihe von Philosophen, auftraten, die auf ihre Weise den Beginn der westlichen Kultur markieren, und beschreibt ihre Ideen und für diese Zeit neuartigen Erkenntnisse in Form eines fiktiven Gedankenaustausches, also eines (fiktiven) Symposiums

Als Vorwort gedacht
Quantitative und qualitative Zeit

Wenn Sie kein Freund von Theorie sind, können sie das Vorwort gern überspringen und ohne weiteres mit dem Hauptteil beginnen. Aber es wäre schade.

Die Zeit hat im Grunde zwei völlig gegensätzliche Aspekte. So gibt es die quantitative Zeit und die qualitative Zeit.

Das erste ist relativ einfach. Wie Einstein es so salopp formulierte, ist es das, was man von der Uhr abliest. Und es ist das Phänomen, dem Sie tagtäglich von morgens bis abends unterliegen.

Die qualitative Zeit hat einen völlig anderen Charakter. Man kann versuchen, sie aus verschiedenen Perspektiven erst einmal vordergründig personenbezogen zu beschreiben. Auf jeden Fall hat es ein wenig mit dem Gefühlsleben des einzelnen zu tun. So las ich einmal den betont netten männlichen Satz: Mit einer hübschen Frau zusammen vergeht die Zeit viel zu schnell, während sie sich beim Zahnarzt in die Länge zieht.

Ein Sonnenuntergang in einer griechischen Taverne am Meer bringt ein anderes Zeitempfinden mit sich als die Feierabendfahrt in einer überfüllten U-Bahn.

Diese zugegeben banalen Facetten sind mit keinem Instrument zu messen.

Als vorsichtige Erklärung oder Deutung des Auftretens der Vorsokratiker in einem bestimmten Zeitraum, seien an dieser Stelle die Erkenntnisse des Physikers Burghard Heim, eines Schülers von Heisenberg, in groben Zügen skizziert. Die Welt, so wie wir sie sehen und versuchen, zu begreifen, ist dreidimensional, und besteht aus Länge, Breite und Höhe. Durch Einstein kam als vierte Komponente noch die Zeit hinzu, das ergibt die vierdimensionale Raum-Zeit-Welt.

Mit einer neuen Mathematik kreierte Burkhard Heim zwei weitere sogenannte verborgene Koordinaten.

Die eine (er nennt sie X5) kann man als Formprägekraft oder Biosphäre bezeichnen. Sie sorgt für eine gewisse Kontinuität der Form. Der englische Biologe Rupert Sheldrake schuf dafür den Begriff „Morphogenetische Felder". Sie sind in dieser Welt der Formen omnipräsent und steuern sämtliche Formungsprozesse der Natur. Man muss sich doch immer wundern, dass aus einem Weizenkorn eine komplette Pflanze wird und aus einer befruchteten Eizelle ein ganzer Mensch entsteht.

Auch Goethe beschreibt es in seinen „Urworten" ähnlich:

So musst du sein, du kannst dir nicht entfliehen
So sagten schon Sybillen, so Propheten,
Und keine Zeit, und keine Macht zerstückelt
Lebendge Form, die lebend sich entwickelt

Noch etwas komplizierter und schwerer verständlich und erst recht schwer zu beschreiben, ist die sechste Koordinate X6. Sie ist ein Selektor, eine Art Schaffenssteuerung, die aus der Welt des potentiell Möglichen nur das in die Form und in die Zeit entlässt, was zeitadäquat ist und nicht den Verlauf der Entwicklung stört. Manche Zeitströmungen oder Einfälle, die wie aus dem Nichts auftreten und die vorher noch nie gedacht oder ausgesprochen worden sind, erscheinen wie unverhofft auf.

Ein einfaches Beispiel dazu: In Afrika begannen Schimpansen auf einmal ihre Bananen zu schälen, zugleich taten Tausende Kilometer entfernt Schimpansen auf Sumatra dasselbe.

Wir nennen es „noch nicht erfahrbare Zukunft" oder „nicht vorhersehbare Zukunft", in dramatischen Fällen sind wir sogar geneigt, von Schicksal zu sprechen.

Wer oder was diese Steuerung veranlasst, das wissen wir leider nicht. Ob dahinter etwas Numinoses oder ein göttliches Wesen steht, das habe ich Burghard Heim am Abend nach unserer Tagung vergessen zu fragen, als ich mich mit ihm am Tisch unterhielt.

Darüber hinaus gibt es noch weitere Dimensionen, die aber mit physikalischen oder mathematischen Methoden, also mit noch so komplexen Zahlen und Gleichungen nicht mehr beschreibbar sind. Sie gehen in mehr seelische, geistige oder religiöse Bereiche hinein.

Auf jeden Fall ist es im gewissen Sinne nicht anders, dass in dieser Welt irgendwelche neuen Strömungen auftreten, die das Alte etwas überholt aussehen lassen.

Damit sind wir im Grunde bereits bei dem Thema, um das es in diesem Buche geht.

An den „Küsten des Lichts", wie der von mir geschätzte Autor Peter Bamm es so treffend formuliert hat, tauchen auf einmal, wie abgesprochen, Männer auf, die alte herkömmliche Betrachtungsweisen der formalen Welt begannen in einem anderen Licht zu sehen. Waren es bislang die Götter, die weitgehend bestimmend und lenkend in das irdische Geschehen eingriffen, so versuchen diese Männer neue Aspekte, zum Beispiel über die Entstehung des Lebens, der Welt und die Folgen, zu entdecken und zu formulieren. Im Grunde also alles, was um uns herum existent ist und war.

Man denke an Homer und Hesiod. Ein Beispiel dazu für das

Einwirken der Götter aus der „Ilias": Es ist die Göttin Artemis, die verhindert, dass Agamemnon mit seiner Flotte gen Troja aufbrechen kann. Und überhaupt, wenn wir schon bei Troja angelangt sind, war es nicht Aphrodite, die nach einer gewonnenen antiken Miss-Wahl für die „Entführung" der Schönen Helena gesorgt hat und damit den zehnjährigen Krieg um Troja ausgelöst hat.

Und auch die „Odyssee", die von der zehnjährigen Heimreise Odysseus' von Troja zu seiner geliebten Penelope auf Ithaka, erzählt, ist ohne das Einwirken von Poseidon und Athene nicht denkbar.

Hesiod beschreibt in seiner Theogenie sogar, wie die Götter entstanden sind.

Nun, die Männer, von denen die Rede sein wird, versuchten die Götter etwas ins Abseits zu drängen und sich der Welt und ihren Problemen mit den Möglichkeiten der Ratio, des kritischen Verstandes zu nähern.

Es ist nur ein relativ kurzer Zeitraum von rund zweihundert Jahren, in der das neue Denken in der Welt immanent wird.

Später nennt man diese Zeit die „Epoche der Vorsokratiker". Im Nachhinein bezeichnete man es als den Beginn einer neuen kulturellen Bewegung: Der Philosophie, der Freude an der Weisheit. Das Wort „Liebe" (Liebe zur Weisheit) scheint in diesem Fall etwas zu weit gegriffen.

Viele Menschen lehnen die Philosophie ab, weil sie sie nicht verstehen oder verstehen wollen. Andere wiederum werfen den Philosophen vor, sie lebten auf einem anderen Stern und würden sich überheblich für den einfachen Menschen nicht interessieren.

Daher möchte ich in diesem Buch, nach diesem etwas

schwierigen Einstieg, versuchen, den Beginn der Philosophie, immerhin auch den Beginn der abendländisch-westlichen Kultur, mit einfachen Worten in einem Diskussionsforum jedermann, also nicht allzu kompliziert, nahe zu bringen.

Leiter des Symposions
Thales von Milet (625 – 547)

Eingeladene Gäste

Anaximander (610 – 546)
Anaximenes (585 – 528)
Heraklit (544 – 483)
Empedokles (495 – 435)
Pythagoras (580 – 496)
Parmenides (ca 500 – 430)
Anaxagoras von Kleizomenai (500 – 428)
Leukippos (Daten sind nicht genau bekannt, etwas älter als
  Demokrit)
Demokrit (460 – 370)

Die meisten persönlichen Daten sind etwas ungenau. Zu der damaligen Zeit legte man nicht so grossen Wert auf die Jahreszahlen. Viele Daten wurden nachträglich ermittelt, zum Beispiel an Hand von Olympiaden und kriegerischen Auseinandersetzungen.

Wie man aus der Übersichts-Grafik (s.Seite 64) ersehen kann, haben diese „Denker" nicht alle zur gleichen Zeit gelebt. Manche Lebensläufe überschneiden sich etwas, manche haben sich auch gegenseitig nie kennen gelernt, aber irgendwie sind die formulierten Ansichten und Erkenntnisse meistens mündlich weiter getragen worden, so dass eine gewisse gegenseitige Beeinflussung nicht ganz ausgeschlossen werden kann.

Die Absicht, die hinter diesem Buch steht, ist die Vorstellung, wie könnte es wohl gewesen sein, wenn diese zehn von mir ausgewählten Männer in einer Runde zusammen gekommen wären? Da das nun einmal nicht passiert ist und auch nicht passieren konnte, sollen sie sich hier einmal in einer Art fiktivem Symposium unter der Leitung von Thales zu einem Gedanken- und Meinungsaustausch treffen. Ich bin mir bewusst, dass ich damit die eigentliche Historie zeitmässig etwas auf den Kopf stelle.

Aber warum nicht?

Man muss ja nicht immer ängstlich an strengen (und manchmal langweiligen) Fakten kleben, sondern man kann doch auch der Phantasie einmal freien Lauf lassen. Oder?

Die Veranstaltung findet in der Neuzeit in einem modernen Raum eines Tagungshotels in der Nähe von Milet unter der Leitung von Thales statt. Um das ganze möglichst zeitadäquat zu gestalten, hat Thales zuvor angeordnet, sämtliche Handys und sonstige moderne Utensilien auszuschalten, damit sie nicht gestört werden.

Thales

Liebe Freunde, ich begrüße euch ganz herzlich und freue mich, dass ihr lange, zum Teil beschwerliche Anreisen auf euch genommen habt, um an unserem heutigen Treffen teilzunehmen, das für die Zukunft und unsere Nachfahren sicher von großer Bedeutung sind wird. Wir wollen und sollten versuchen, unsere Gedanken in eine Form zu kleiden, die auch für andere Menschen, die heute nicht dabei sind, einigermaßen verständlich sind. Lasst mich daher zur Einstimmung jeden von euch persönlich begrüßen, damit ihr euch besser kennen lernt.

Ich fange einmal mit den beiden an, die auch aus meiner Heimatstadt Milet stammen. Also, Anaximander, wir haben uns ja in Milet kennen gelernt und du hast sicher einiges von mir übernommen. Das hoffe ich zumindest.

Du, Anaximenes, bist ja etwas jünger. Wir haben uns damals persönlich nicht kennen gelernt, aber du und Anaximander, ihr seid euch begegnet.

Wir bleiben gleich in der Nähe: Heraklit, du stammst aus Ephesos, einer Stadt, die ja stark durch die Göttin Artemis geprägt war. Du bist ja um einiges jünger als ich. Auch wenn dir die Nähe zu anderen Menschen nicht immer so behagen soll. Sagt man! Ich bin froh, dass du gekommen bist.

Zu dir, Leukippos, wenn man den Erzählungen trauen kann,

dann stammst du auch aus Milet. Böse Zungen haben verlautbart, es gäbe dich eigentlich gar nicht, du seiest nur das Pseudonym von Demokrit. Menschen können schon ganz schön gehässig sein.

Nun zu Pythagoras. Deine Wiege stand gar nicht weit weg von uns, nämlich auf der Insel Samos. Dann hast du dich nach Magna Graecia in Unteritalien, nach Krotone verabschiedet. Du wirst uns sicher berichten warum.

Und du, Anaxagoras. du stammst auch aus Ionien, einem kleinen Ort namens Klazomenai. Bei dir sollten die arroganten Bewohner von Athen sich bedanken, dass du versucht hast, ihnen neue Denkimpulse nahe zu bringen.

Auch auf Sizilien hat man sich Gedanken in unserem Sinn gemacht, wie du, Empedokles, es uns sicher nahe bringen wirst.

Nicht nur hier, auch in Unteritalien, in Elea ist man auf der Suche gewesen, darüber wird uns Parmenides berichten.

Zum Schluss noch unser Jüngster, Demokrit, der sich ganz intensiv, wie ihr sicher schon gehört habt, den allerkleinsten Bestandteilen unserer Welt zugewandt hat. Von Abdera in Thrakien hast du mit Sicherheit eines der vielen Schiffe gefunden, die hier ständig verkehren.

Nun, wenn ich mich nicht täusche, bin ich der Älteste unter euch. Daher lasst mich den Beginn machen. Ich nehme an, ihr habt alle sicher die Werke von Homer, die „Ilias" und die „Odyssee", gelesen und wahrscheinlich ist euch auch die „Theogenie" von Hesiod geläufig.

Wie ich vermute, habt ihr euch alle Gedanken gemacht, woher alles stammt, was uns tagtäglich umgibt, das wir Welt nennen. Hesiod macht es sich da einfach. So beginnt er: „Von den Musen des Helikon lasst uns beginnen zu singen". Und später „Das ist's was die Musen singen, sie, die die Häuser des Olymp bewohnen". Da frage ich mich in der Tat: Was hat Hesiod eigentlich gewollt? Handelt es sich bei dem ganzen Werk um einen Gesang oder ein Gedicht oder soll es etwas sein, was wir mit dem Verstand nachvollziehen können?

Aber es geht ja weiter.

„Wahrlich, zuallererst entstand die gähnende Leere, das Chaos, alsdann aber die Erde (Gaia) mit ihrer breiten Brust , fort und fort sicherer Sitz von allem".

Und dann kommt ein Satz, über den wir vielleicht diskutieren werden: Und dann entstand Eros, das Liebesbegehren, der der schönste ist unter den todfreien Göttern. Zeus könnte davon sicher ausführlich berichten.

Ich weiss nicht, wie es euch geht, aber ich kann mir nur schwerlich ein Chaos vorstellen, also etwas Ungeordnetes, aus dem so etwas wie ein Kosmos, also etwas Geordnetes entstehen soll. Vor allem, wann soll das geschehen sein? Und gab es jemanden, der das veranlasst hat? Ein Rätsel!

Wir verlassen daher erst einmal Hesiod.

Wie dem auch sei. Irgendetwas muss es ja gegeben haben, von dem alles seinen Anfang nahm. Eine Leere, also ein „Nichts" kann es auch nicht gewesen sein. Denn wie soll aus einem „Nichts" ein „Etwas" entstehen? Für mich stand am Anfang jeglicher Entwicklung das Wasser. Aber vielleicht noch eine kleine Ergänzung. Wenn alle Dinge aus dem Urstoff Wasser entstanden und nur Umwandlungen aus dem gleichen Stoff erfahren haben, dann müsste alles eine von uns nicht sichtbare Verwandtschaft haben.

Bevor ich diesen Teil beende, noch kurz ein Erlebnis: Ich

wurde gefragt, was am schwersten von allen Dingen sei. Da habe ich geantwortet: Sich selbst erkennen. Und was am leichtesten sei? Anderen einen Rat geben!

Machen wir weiter: Ich bin gespannt, wie ihr über meine Thesen denkt?

Anaximander

Lieber Thales, ich habe oft bei dir gesessen und dir zugehört. Das war für mich eine lehrreiche Zeit. Aber jeder Mensch ist nun einmal anders und je mehr ich über deine Thesen nachdachte, desto unwahrscheinlicher erschien mir so manches von dir. Du meinst, alles sei aus dem Wasser entstanden. Wasser ist sicher in unserem Leben ein wichtiger, nicht weg zu denkender Stoff. In manchen Aspekten hast du sicher Recht. Wenn ich hier auf den Tisch ein Weizenkorn lege, dann bleibt es so liegen, wahrscheinlich für immer. Kommt jedoch Wasser hinzu, dann wird es größer und es bildet sich nach und nach daraus ein Keim, aus dem die ganze Pflanze entsteht.

Ohne Wasser vertrocknen alle Pflanzen, alle Tiere und auch Menschen verdursten. Aber deswegen muss das Wasser nicht allein am Anfang allen Seins gestanden haben. Mir ist dieser materielle Gedanke zu einfach. Es muss etwas Nicht-Stoffliches gewesen, aus demalles entstanden ist und zu dem alles wieder zurückkehrt. Ich glaube, dass am Anfang Stoff und Geist ungetrennt waren, es waren also erst einmal keine sichtbaren Stoffe vorhanden, Stoff und Geist bildeten noch eine Einheit. Ich habe dafür ein Wort gesucht und im Schlaf fiel mir das Wort *apeiron* ein, es ist das Unbegrenzte, das Unendliche. Mit dem Verstand kann man es nicht recht erfassen.

Thales Das ist erst einmal schwer zu verstehen, da wir alle noch zu sehr am Stofflichen und der Form hängen. Und du, Heraklit, wie stehst du zu diesen Fragen?

Heraklit

Über Anfang und Ende habe ich mir nicht so viele Gedanken gemacht. Auf dem Umfang eines Kreises zum Beispiel jedoch sind Anfang und Ende gleich. Mir geht es mehr um das Hier und Jetzt, um die Gegensätze. Wir sind doch in der Tat eigenartige Wesen. Unser Umgang mit der Zeit und dem Leben an sich ist merkwürdig. Alles ist in Bewegung, es gibt keinen Stillstand. Wir sind immer auf der Durchreise. Ich habe dafür folgenden Satz geprägt „panta rhei", alles fliesst. Wenn wir das Wort „Jetzt" aussprechen, ist in der Zwischenzeit das Leben schon wieder weiter gegangen, schnell, aber weiter. Die Welt, die Natur, der Mensch erfinden sich jeden Tag, jede Minute neu. Insofern möchte ich einen Satz hinzufügen, der alles in sich trägt „Du steigst nicht zweimal in den selben Fluss." Auch der Mensch, wenn er ein zweitesmal in den Fluss stiegt, ist nicht mehr derselbe, auch der Fluss hat sich gewandelt. Jedoch scheint hinter oder in diesem unaufhörlichem Fluss oder Fliessen eine Einheit zu stehen, ein einheitliches Gesetz also.

Lasst mich es so kurz und prägnant ausdrücken: Einheit in der Vielfalt und Vielfalt in der Einheit. Ein Hinweis noch: Es gibt wohl ein Element, so will ich es einmal nennen, das entscheidend bei allem Entstehen mit beteiligt war? Ich werde darüber berichten. Aber Thales, zu deinem Wasser ist noch etwas zu sagen. Wasser ist ein merkwürdiges Element. Wir sind von Wasser umgeben. Das Wasser des Meeres ist zugleich rein und verschmutzt. Für Fische ist es trinkbar und lebensspendend, für Menschen ist es jedoch ungeniessbar.

Jetzt mischte sich **Anaximenes** ein: Ich halte es für wenig vielversprechend, nur einen Stoff wie das Wasser für den Urstoff allen Lebens zu halten. Das ist mir zu einfach, zu materiell. Aber hinter allem scheint sich noch etwas zu verbergen, etwas Geheimnisvolles, für das uns wohl die Worte fehlen. Ich glaube an einen Urstoff oder Grundstoff, der durch Verdünnung und Verdichtung alles andere hervorruft und erzeugt. Die Luft könnte es sein, nein, es ist die Luft, die sich durch Dünne und Dichte jeweils verwandelt. Man sieht sie nicht. Durch Verdünnung wird es Feuer, durch Verdichtung Wind, dann Wolken .Wenn es sich weiter verdünnt oder verdichtet, wird es Erde und weiter dann Steine und Felsen, die sich zu Gebirgen auftürmen können. Wenn alles, was existiert, durch Verdünnung und Verdichtung der Luft entsteht, dann müsste beim Zerfallen wiederum Luft entweichen, die vorher den Stoff gebildet hat. Die Konsequenz daraus wäre: Da alles in dieser Welt wieder zerfällt, entsteht eine Art Kreislauf und die Luft, selbst wenn sie nur in begrenzten Mengen zur Verfügung steht, wird sich dadurch wieder regenerieren.

Zudem ist Luft ein lebenserhaltendes Prinzip. Wenn wir einatmen, verdichten wir und wenn wir ausatmen verdünnen wir sie. Ich habe an mir und anderen bemerkt, dass ohne Luft ein Leben nicht möglich ist. Habt ihr einmal versucht, die Luft anzuhalten? Es ist nicht allzu lange möglich.

Heraklit schüttelte mit dem Kopf. Ich bin da etwas anderer Ansicht. Luft oder auch Wasser erscheint mir als Urstoff kaum nachvollziehbar. Man wirft mir zwar immer vor, dass ich mich stets unklar, dunkel und unverständlich ausdrücke. Aber jetzt will ich einmal ganz klar Stellung beziehen: Am Anfang gab es nur einen Ur-Stoff, das Feuer. Nur mit seiner gewaltigen Kraft, mit der es alles Unnütze und Überflüssige verzehrte, konnte es die Welt erschaffen. Es ist den anderen Elementen deutlichst überlegen. Was meint ihr, woher wohl diese Energie stammt, die euch am Leben erhält? Und die das Wasser zu Dampf umwandeln kann? Und das Feuer in euch, damit es weiter wirken kann, braucht die Luft, um brennen zu können.

Empedokles
hatte bis jetzt aufmerksam zugehört.
Wie ich von Parmenides gehört habe, kann nichts, was ist, aus dem Nichts entstehen. Es muss also für die Entstehung von allem irgend etwas gegeben haben. Ich glaube, es sind vier unzerstörbare Elemente, die sich mischen, nämlich Feuer, Wasser, Luft und Erde. Sie existieren für sich und können nicht ineinander übergehen. Ich nenne sie die „Vier Wurzeln des Seins“. Sie sind nicht geworden und können auch nicht vergehen. In meiner Heimat, in Akregas, habe ich mich zudem intensiv mit der Medizin, mit Krankheit und Gesundheit befasst. Und ich glaube, dass Krankheit immer ein Ungleichgewicht der vier

Elemente ist. Mal ist eines zuviel, mal ist ein anderes zu wenig. Zum Thema Gesundheit und auch über die gegensätzlichen Begriffe „Liebe" und „Hass" werde ich später noch etwas beitragen.

Thales fuhr mit den Worten fort: Jetzt möchte ich auch Anaxagoras zu Wort kommen lassen, schliesslich ist auch er ein gebürtiger Ionier, den es aber nach Athen verschlagen hatte.

Anaxagoras

Ich hatte mir vorgenommen und auch gehofft, mit meinen Ideen in Athen auf fruchtbaren Boden zu stoßen, Aber dem war nicht so. Die Athener waren ganz schön überheblich und schauten immer etwas herablassend auf die Bewohner der anderen Gebiete von Hellas herab. Aber immerhin ist es mir gelungen, den Staatsmann Perikles als Schüler zu gewinnen. Er hat mir das Leben gerettet, weil man mir Gottlosigkeit vorwarf, in Athen ein schwerwiegender Vorwurf, daher musste ich ins Exil fliehen, um der Todesstrafe zu entgehen. Auch der Tragödiendichter Euripides, von dem ihr sicher schon gehört habt, hat viele Ideen von mir in seine Werke übernommen. Es war ja eine interessante Zeit, denn die Tragödiendichter Sophokles, Aischylos und Euripides lagen in einem kreativen Wettstreit mit- und gegeneinander. Ich hoffe, ihr verzeiht mir diese kurzen persönlichen Angaben.

Aber nun zu den elementaren Fragen. Nach meiner Ansicht entsteht und vergeht kein Ding aus sich heraus, sondern mischt sich aus vorhandenen Dingen und geht wieder auseinander. Die Mischung findet aus bereits vorhandenen Keimen statt. Diese kleinen Bestandteile nenne ich „Samen" oder „Keime". Es sind unendlich viele, die sich aber alle voneinander weitgehend unterscheiden. Hinter allem muss wiederum eine Kraft stehen, die alles bewegt oder in Bewegung versetzt, denn ohne eine Bewegung, kann keine Mischung oder Trennung stattfinden. Was den Beginn anbetrifft, so scheint am Anfang eine Art ungeordnete Masse, eine amorphe Masse existiert haben. Sie wurde aber offenbar in den Zustand der Ordnung, also in den Kosmos übergeführt. Wer oder was das bewirkt haben soll, vermag ich nicht zu sagen. In dieser kosmischen Ur-Mischung befanden sich unendlich viele kleine Bestandteile, die ich in Ermangelung eines Namens *„Homoiomerien"* genannt habe. Diese bilden die Masse. Je mehr Homoiomerien an der Masse beteiligt sind, desto mehr verschiedene Elemente gibt es, also nicht nur vier. Und in allen ist von allem etwas enthalten. Es scheint aber so zu sein, dass in jeweils einem Element eine überwiegende Zahl von bestimmten Homoimerien vorhanden sein muss, um seinen Charakter, sein Aussehen und wahrscheinlich auch sein Verhalten zu bestimmen.

Leukipp und Demokrit hatten ganz gespannt zugehört. Die Frage nach den kleinsten Bestandteilen, das war doch ihr Thema. Darüber wollten sich auch anschliessend berichten. Beide sassen nebeneinander, und wer genau hinschaute, konnte beobachten, wie Demokrit Leukipp leicht mit dem Fuss unter dem Tisch anstiess.

Aber **Anaxagoras** war noch nicht fertig.
Aus diesen Keimen bilden sich unaufhörlich neue Elemente, die aber auch wieder zerfallen. Also Mischung und Trennung finden ununterbrochen statt. Damit gehe ich mit dir, Heraklit,

konform, alles ist in ständiger Bewegung, es gibt keine Stase, keinen Stillstand. Aber ich möchte noch weiter gehen. Hinter allem muss doch eine planende Steuerung stehen, die diese ständigen Prozesse am Leben erhält. Für mich hat diese Kraft einen Namen: „*nous*". Sie ist es, die aus der Urmasse heraus alles in eine Art Kreisbewegung setzt, also in eine ständige Mischung und dann wiederum in die Trennung.

Thales unterbrach an dieser Stelle. Kannst du uns einmal näher erläutern, was du unter dem Begriff „nous" verstehst.

Anaxagoras: Es ist nicht einfach, es in Worten auszudrücken. Ich kann es nur in mir erfühlen. Es ist das feinste und reinste Etwas, es ist unbegrenzt und unvermischt, aber es ist aus sich heraus entstanden und weist die denkbar grösste Kraft aus. Das „nous" selbst ist nicht Teil von etwas anderem und nimmt nicht an allem Teil. Es ist also irgendwie neutral aber trotzdem von einer unvergleichlichen Wirksamkeit, in dem es Dinge aus sich herausstellt. Das *nous* ist nicht der eigentliche Urstoff, sondern gestaltet, formt aus dem Vorhandenen, so möchte ich es einmal nennen, den gesamten Kosmos. Mir ist klar, dass ihr mich vielleicht nicht ganz versteht, aber eventuell kann ich damit zum Nachdenken anregen. Denn auf eine bestimmte Art und Weise scheint auch das menschliche Handeln dadurch beeinflusst und geprägt werden.

Da hielt es **Anaximander** nicht mehr auf seinem Platz.
Mein lieber Anaxagoras, unsere Lebenszeiten sind zwar fast hundertfünfzig Jahre getrennt, aber wir sind meiner Meinung nach unabhängig zu ähnlichen Einsichten gekommen. Du hast

ja bei mir zugehört. Und jetzt frage ich dich: Könntest du dir vorstellen, dass sich mein *apeiron* und dein *nous* einander ähneln oder sogar gleich sind.

Wir haben nur verschiedene Begriffe dafür gefunden. Es ist jeweils dieses geheimnisvolle Etwas, was sich hinter allem Leben verbirgt und dem sich auch die Götter fügen müssen?

Anaxagoras: Es ist unendlich schwer, etwas zu vergleichen, wenn man es ohnehin nur schwer beschreiben kann. Vielleicht spüren wir nur in uns eine Ähnlichkeit zwischen beiden Begriffen, können es aber nicht in Worte kleiden..

An dieser Stelle hielt **Thales** diesen Dialog an.

Liebe Freunde, wir haben einige unter uns, die noch nicht zu Wort gekommen sind. Ich denke da an Pythagoras, dem wir immerhin den Namen Philosophie zu verdenken haben.

Pythagoras:

So ist es. Ich wollte einfach für unsere Bewegung eine Art übergeordneten Sammelbegriff finden. Einmal fragte mich jemand, wer ich sei. Da habe ich ihm klipp und klar gesagt: „Ich bin ein Philosoph!". Ich hoffe, lieber Heraklit, auch deine Zustimmung zu diesem Namen zu finden. In unserer Sprache gibt es mehrere Wörter für – um es erst einmal neutral auszudrücken – Zuneigung. Da ist agape – aber das reicht fast in göttliche Sphären. Zum anderen wäre da eros, aber das passt eigentlich gar nicht zu unserem Tun. Also bliebe da nur philia, eine fast liebevolle Freundschaft. Um es etwas zu verdeutlichen: Ihr seid ja alle in der hellenischen Kultur bewandert.

Sappho von
der Insel
Lesbos

Denkt einmal an unsere gefühlvolle Poetin **Sappho** von der Insel Lesbos, die zu deiner Zeit, lieber Thales, damals geboren wurde. Ihre Anrufung der Aphrodite – das ist *.agape*, aber ihre Ode an Atthis, eine ihrer Lieblingsschülerinnen, die ist voll von eros, das ist mehr als nur *philia*. Nur so nebenbei: Sie hat es in dieser männlich dominierten Welt alles andere als leicht gehabt.

Soweit zu meiner Namensfindung. Aber ihr wollt ja noch ein wenig mehr von mir hören. Dir, Thales verdanke ich als junger Mann den Tipp, in das Land der Pharaonen aufzubrechen. Ich habe versucht, von dem uralten Wissen der Ägypter, besonders von ihren Priestern, von ihren Riten, ihren Geheimnissen und ihren Zauberkünsten soviel wie möglich zu lernen. Als ich dann, voll Wissen und voller Begeisterung, wie ich glaubte, nach Samos zurückkehrte, habe ich niemanden gefunden, mit dem ich mich über all das Gelernte austauschen konnte. Ja, es war sogar noch schlimmer. Die Leute haben mich regelrecht ausgelacht und für einen Irren gehalten. Zudem hatte auf der

Insel der Tyrann Polykrates sein strenges Regiment aufgebaut. Seinen Sohn vertraute er mir zur Erziehung an. Keine leichte Aufgabe, denn mit seiner Lernwilligkeit war es nicht weit her. Und drüben auf dem Festland hatten sich die Perser breit gemacht. Kurzum, ich habe mich auf Samos nicht mehr wohl gefühlt. Als ich dann hörte, dass auch in Magna Graecia ein Freigeist herrschte, habe ich ein Schiff bestiegen und bin in Kroton gelandet. Dort wurde ich mit offenen Armen aufgenommen und es bildete sich alsbald eine Gruppe von Schülern, die ständige Unterweisungen von mir erhofften. Mit ihnen zusammen habe ich auch die Lehre von den Zahlen und einiges anderes erdacht.

Hier griff **Thales** wieder ein:

Pythagoras, es ist bekannt, dass du dich so intensiv mit Zahlen befasst hast und auch mit Seelenwanderung und so weiter. Aber bevor du uns darüber mehr erzählst, möchte ich daher vorschlagen, auch unseren letzten drei Freunden einmal das Wort zu erteilen. Erst einmal Parmenides und zum Schluss noch Leukipp und Demokrit. Ich weiss, lieber Heraklit, dass du mit den Ansichten von Parmenides nicht konform gehst, aber hier und heute wollen wir einmal Toleranz walten lassen, auch wenn es besonders dir schwer fällt.

Heraklit schaute vor sich hin, murmelte etwas Unverständliches vor sich hin, nickte aber dann.

Parmenides

Es war spannend, euch allen zuzuhören. Ich bin ja in Elea geboren. Diese Stadt pflegte einen gut florierenden Handel mit

den umliegenden Städten und auch mit Hellas. So sind mit der
Zeit einige Gedanken von der ionischen Küste bis zu mir ge-
drungen. Auch wenn ihr euch etwas über die großen Epen von
Homer und die Theogonie von Hesiod hinwegsetzen wollt, da
sie angeblich zu sehr das Wirken der Götter in ihre Werken und
Gedichte eingebunden haben, so möchte ich sie doch etwas in
Schutz nehmen und ein Wort für sie einlegen. Sie haben unsere
griechische Kultur aus dem Dunkel der Vorzeit ans Licht gebracht. Und ich habe meine Erkenntnisse in Anlehnung dieser
beiden in ein Hexameter-Lehrgedicht verfasst.

So habe ich es in Gedanken oder im Schlaf erlebt, so genau
weiss ich es eigentlich nicht: Ich sass in einem von Sonnen-
mädchen gezogenen Wagen auf einer Fahrt vom „Haus der
Nacht" zum Licht. Dort wurde ich freundlich von der Göttin
Dike empfangen, die als „Genau Vergeltende" über die Folge-
richtigkeit des Denkens wacht. Das gesamte Lehrgedicht mit
Namen „Von der Natur" gibt die Offenbarung der Göttin wieder. Ich werde es nachher noch etwas näher erläutern.

Thales:
Wir haben nun einen großen Bogen gespannt, von den Ionischen Ufern bis hin nach Magna Graecia. Nun bin ich mal gespannt, was man im Norden der Aegaeis über das sinniert hat,
was uns tagtäglich so umgibt.

Demokrit
wandte sich Leukipp zu.
Von dir habe ich die ersten Gedankenanstösse bekommen, also
fang du mal an.

Leukipp

Gut, wir wenden uns nun dem zu, was wir so einfach Materie nennen. Immer wenn ich einen Stein oder eine Olive in die Hand nahm, so überlegte ich stets, wie und aus was mögen die zusammengesetzt sein. Wanderte ich am Ufer des Meeres entlang, dann sah ich viele Steine und viel Sand. Den Sand konnte ich in die Hand nehmen und er zerrieselte in meinen Händen. Beim Stein war das etwas anders. Nahm ich einen Hammer und zertrümmerte den Stein immer weiter, dann wurden die Teile immer kleiner, immer kleiner, bis sie aussahen wie Sand. Das Meer mit seiner ständigen Bewegung, wie du, Heraklit, es ja beschrieben hast, hat es also vermocht, den harten Stein auf Dauer immer weiter zu zerkleinern. Nichts bleibt so wie es ist. Nahm ich jetzt ein paar Sandkörner in die Hand, so fragte ich mich, geht das noch weiter? Kann man die Körner noch weiter zerkleinern? Mit einem Messer war es nicht mehr möglich, sie waren zu klein, zu winzig, mit dem Auge gerade noch sichtbar. Sollte es eine Möglichkeit geben, sie noch weiter aufzulösen, immer weiter, und wenn ja, ist dann irgendwann einfach Schluss?

Und bei einer Olive? Wie sah es da aus? Im Inneren war sie feucht. Die Zerkleinerung war völlig anders, wenn man von dem Stein absieht. Und sah ich mir die Menschen an, so schienen sie ja auch aus vielen großen Bestandteilen zusammengesetzt zu sein, die wiederum aus kleineren Teilen bestanden. Und irgendwie müssen die ja zusammen gefunden haben.

Denn kein Ding entsteht planlos, sondern alles aus Sinn und unter Notwendigkeit. Das liess mir keine Ruhe. Gab es irgendwo eine Grenze, eine Schwelle, von der aus eine weitere Zerkleinerung nicht mehr möglich war? Wie es um das Wasser als solches steht, wie es zusammenhält, das ist mir allerdings ein Rätsel. Auch die Luft gab mir zu denken. Sind darin auch kleine Bestandteile? Das habe ich dann alles mit Demokrit diskutiert. Er war mein fleissigster Schüler und hatte immer gute Ideen.

Demokrit

Ich habe das Glück gehabt, von meinem Vater ein beträchtliches Vermögen geerbt zu haben. Was sollte ich damit tun? Es hier in Abdera aufbrauchen und in den Tag hinein leben? Der Mensch braucht eine Aufgabe, ein Ziel. Nein, ich wollte hinaus in die Welt. Bis Ägypten und Persien war ich unterwegs, im Kopf immer noch die Anregungen von Leukipp. Ich will zwar nicht angeben, aber ich glaube von mir sagen zu können, ich bin von meinen Zeitgenossen am weitesten auf der Erde herumgekommen, wobei ich immer Forschungen zu unserem Thema anstellte. Ich habe die meisten Himmelsstriche und Länder gesehen und die meisten gelehrten Männer gehört. Seht mir bitte diese persönlichen Worte nach, aber ich musste sie loswerden, denn der Kontakt mit so vielen anderen Gelehrten hat mir bei meinen Überlegungen sehr geholfen.

Ich greife einmal die Überlegungen von Leukipp auf. Auch ich war der Ansicht, dass eine Zerkleinerung einmal ein Ende haben musste. Alles konnte ja nicht so weit zerkleinert werden, bis es nicht mehr da war, bis es ein Nichts war. Denn wohin sollte es dann entschwinden? Es ist auch in seiner winzigen Winzigkeit noch immer Materie und die kann nicht einfach verschwinden. Wohin auch?

Es müssen – so meine Überlegung – winzige Partikel existieren, die dann nicht mehr teilbar sind. Ich habe ihnen den Begriff „*Atome*" gegeben ausgehend vom Wort *atomos*, also nicht weiter teilbar.

Alles, egal, ob Stein, Pflanze, Tier oder Mensch, jedes und jeder scheint aus diesen winzigen Einzelteilen zu bestehen. Aber wie kommen jetzt diese Atome zu einer derartigen Form und was hält sie zusammen? Gebt mir noch etwas Zeit, ich will darüber noch einmal nachdenken.

Anaxagoras sass etwas unruhig auf seinem Stuhl.

Wie ich sehe, lieber Demokrit, bist auch du zu ähnlichen Erkenntnissen gekommen wie ich. Könntest du dir vorstellen, dass die von mir gedachten Homoiomerien mit deinen kleinen Bestandteilen, den Atomen, identisch sind.

Demokrit Leukipp und ich haben bei dir genau zugehört. Es gibt einen kleinen, aber wesentlichen Unterschied. Ich gehe da noch etwas weiter als du. Denn nach meiner Ansicht sind die von mir geforderten Partikel eine Art Endstation. Sie sind nicht mehr teilbar, es sind Atome. Sie widerstreben einer weiteren Zerkleinerung. Ob es da noch eine weiter Teilung geben könnte, sollen spätere Wissenschaftler mit anderen Methoden überprüfen.

Parmenides: Ich wollte euch noch etwas von meiner Begegnung mit der Göttin Dike, der Gerechtigkeit, berichten. Unsere Welt ist etwas kompliziert. Ich möchte es einmal so kurz skizzieren: Nur Seiendes gibt es, aber das Nichts ist nicht. Das ist ein wenig schwierig zu verstehen. Also: Wenn ich denke, dann muss es ein Sein geben, an das ich denken kann. Wenn etwas nicht existiert, also das Nichtseiende, dann kann ich es auch nicht denken.

Thales unterbracht ihn an dieser Stelle.
Mir ist nicht ganz klar. Wo das Sein endet und das Nichtsein beginnt, wenn es überhaupt eine Grenze zwischen beiden gibt. Der normale Mensch hat da so seine Schwierigkeiten.

Da wurde **Parmenide**s etwas ungehalten. Der normale Mensch, was ist das schon! Die sind unfähig zum Denken, nur auf Essen und Trinken und das Wohlsein sind ihre Gedanken ausgerichtet.

Na ja, meinte **Thales**.
Wir können sie nicht einfach so verdammen und verurteilen. Viele von ihnen arbeiten auf den Feldern, damit du essen, trin-

ken und leben kannst, und züchten Schafe und Ziegen. Kluge und Dumme gehören nun mal zusammen, das sind die Gegensätze, die die Welt ausmachen. Ohne einfach Gestrickte gäbe es keine Intelligenz. Gebe ich dir da Recht, Heraklit? Eines bedingt das andere. Aber jetzt noch mal zu deinen Aussagen. Was ist mit unserer Phantasie? Ich stelle mir vor, ein riesiger, ungeheurer Fisch mit Riesenhörnern, Stilaugen und roter Haut, wie er noch nie gesehen wurde, der also nur in meiner Vorstellung existiert, würde hier am Strand in Milet landen. Ist das jetzt seiend? Das ist nur ein einfaches Beispiel. Aber wie soll ich das einordnen, was ich schmecke oder höre? Also, Nichtsein kann es nicht sein, denn es wird ja erlebt. Wenn auch nicht materiell. Gibt es vielleicht zwischen Sein und Nichtsein eine Zwischenstufe oder ist die Grenze wie eine Mauer aus Ziegelsteinen?

Parmenides: Das ist keine einfache Frage. Aber wenn ihr mal darüber nachdenkt, am Schmecken zu Beispiel. Es muss ja einen Auslöser geben, den du in den Mund nimmst, nur dann kann das Schmecken erst aktiv werden. Und das ist „Sein". Ansonsten verharrt es im Nicht-Sein. Ebenso ist es mit dem Hören. Wenn niemand spricht und ringsherum absolute Stille herrscht, dann ist das Hören einfach nicht da. Und wie ist es mit dem Sehen, ich will gar nicht vom Erkennen reden. Wenn es kein Außen gäbe, kein Sein, wozu wären dann unsere Augen wichtig?

Nun hob **Heraklit** leicht die Hand. Die Unterteilung von Sein und Nichtsein ist mir zu starr. Leben hat immer mit Bewegung zu tun, wie ich es euch vorhin schon geschildert habe. Und das geschieht nur durch Gegensätze, wenn das eine sich zum anderen wandelt und umgekehrt. Aus dem Tag wird Nacht, aus dem Winter wird der Sommer und umgekehrt. Oder noch weiter: Hunger und Not, Nässe und Trockenheit, Krieg und Frieden, gut und böse ***, Mann und Frau und. so fort. Auch Leben und Tod. Ohne das eine könnte das andere nicht existieren. Beides gehört zusammen. Denkt noch einmal zurück an das Beispiel mit dem Fluss, das ich euch vorhin erzählt habe. Ihr steht auf der einen Seite und könnt die andere Seite des Flusses nicht erkennen und denkt, dieses Ufer sei alles, es sei die Welt. Aber drüben ist ebenfalls ein Ufer, das ebenfalls zum Fluss gehört auch wenn ihr es nicht seht. Aber beide Ufer gehören zusammen, sie sind eine Einheit, denn unter dem Fluss berühren sich beide. Beide Ufer bilden den Fluss, ein Ufer allein kann kein Fluss sein. Erst beide zusammen tragen den Fluss, sie bilden eine Harmonie.

Zum Thema Krieg noch mal: Auch wenn Krieg mit all seinen Metzeleien, Verletzten und Toten unter den Völkern nicht immer einen guten Ruf hat. Aber dadurch entsteht schliesslich etwas Neues. Das meine ich damit, wenn ich sage, auch wenn es mir immer wieder vorgeworfen wird: Der Krieg ist der Vater aller Dinge. Totaler Stillstand wäre das Ende aller Entwicklung, wäre Starre und letztendlich Tod. Wir müssen uns ja die Gegensätzlichkeit, den Krieg nicht nur immer mit Schwertern und Lanzen vorstellen. nein, es sind die Begriffe These und

*** Ein kleiner Sprung in die Bergpredigt Jesu: Auf dass ihr Söhne seid eures Vaters im Himmel. Denn er lässt seine Sonne aufgehen über Böse und Gute und lässt regnen über Gerechte und Ungerechte.

Antithese, sie können eine Synthese ergeben, etwas Neues, das uns weiter bringt, neue Überlegungen anregt und keinen Stillstand erzeugt! Man muss daher wissen, dass der Krieg etwas Allgemeines ist und dass der Streit zu Recht besteht und dass alles durch Streit und Notwendigkeit besteht.

Liebe Freunde, liess sich **Anaximander** an dieser Stelle die Diskussion vernehmen. Neben all der Ernsthaftigkeit, lasst uns doch mal eine kleine Zwischenpause mit ein wenig Humor einlegen. Auch die Götter sollen gern und oft gelacht haben. Denn Humor erwärmt das Herz. Für Philosophen sicher ungewöhnlich! Sie glauben ja immer, unbedingt und strikt ernst und nachdenklich sein zu müssen. Ich hoffe, Thales, du bist mir nicht böse, wenn ich eine kleine Geschichte einflechte, die in Milet stadtbekannt ist, aber hier zu euch noch nicht durchgedrungen sein wird.

Also, du, Thales hast dich viel mit dem Himmel, der Astronomie und auch mit Mathematik befasst, darauf kommen wir auch noch zu sprechen.

Du sollst ganz in dich gekehrt, in Gedanken, zum Himmel schauend spazieren gegangen sein und bist in einen Brunnen gefallen. Eine kesse thrakische Magd, die dich da so liegen sah, konnte ihren Spott nicht für sich behalten und meinte: „Die Dinge am Himmel möchtest du erkennen, dabei übersiehst du alles, was vor deinen Füßen liegt".

Alle bis auf Heraklit schmunzelten darüber.

Thales lächelte etwas gequält.

Wenn wir schon bei so persönlichen Dingen sind, dann muss ich schnell noch etwas hinzufügen. Man sagt uns nach, dass wir nichts Gescheites zustande bringen und unsere Beschäftigung mit der Philosophie im Grunde nutzlos sei. Dem ist nicht so. Durch meine Sternbeobachtungen hatte ich erkannt, dass es im Folgejahr eine reiche Olivenernte geben würde. Da habe ich noch vor dem Winter auf alle Ölpressen in Milet und Umgebung eine Anzahlung geleistet. Alle hielten mich für verrückt und boten nicht dagegen. Da habe ich alle Pressen für einen geringen Betrag gemietet. Als dann die umfangreiche Ernte anstand und überall Ölpressen dringend gebraucht wurden, habe ich sie weiter vermietet und einiges an Geld eingenommen. Aber, um das abzuschließen, das soll für uns nicht die Hauptbeschäftigung werden. So, Demokrit, du wolltest deine Erkenntnis, oder ist es bis jetzt noch nur eine ernst zu nehmende Vermutung, noch näher erläutern.

Demokrit

In den verschiedenen Materialien sind die kleinsten Bestandteile verschieden dicht gepackt. Einen Stein kann ich nicht durchschneiden, die Bestandteile liegen zu dicht beieinander. Nehme ich hingegen einen Rettich, so gleitet das Messer ohne Probleme hindurch. Die Leere zwischen den einzelnen Atomen ist verschieden gross. Und noch etwas: Die einzelnen Atome unterscheiden sich nicht in der Qualität, sondern nur in der Form, in Größe und Lage. Sie können rund sein, eckig, zylindrisch, aber immer in der Form eines regelmässigen geometrischen Körpers. Wie nehmen wir nun die Dinge wahr? Ich meine, die Dinge haben nur scheinbar eine Farbe. Und der Geschmack hängt auch von den Atomen im Raum ab. Unsere Sinnesempfindungen werden von der Qualität der Atome beeinflusst. Eine Frage vermag ich nicht zu eurer Zufriedenheit klären: Die Atome bewegen sich im leeren Raum, sie schliessen sich zusammen und trennen sich wieder. Was hält sie aber nach der Vereinigung für eine Weile zusammen? Es ist, als ob sie einander suchen. Du, Parmenides, hast vorhin die Poesie in die Diskussion eingebracht.

So möchte ich in deinem Sinn etwas poetisch sagen: Sie haben eine Sehnsucht aufeinander. Welche Kraft das bewirkt, dafür habe ich keine Erklärung. Es gibt meiner Ansicht nach keinen Zufall. Nicht ein Ding entsteht ohne Ursache, sondern alles entsteht aus irgendeinem Grund und mit Notwendigkeit. Bei dir, Anaximander und auch bei dir, Anaxagoras, habe ich so zarte Anklänge an meine Gedanken gefunden.

Eines muss ich noch loswerden: Wenn ich bei meinen Freunden über meine Erkenntnisse berichtete, dann erntete ich zumeist ein freundliches Missverstehen. Da kamen dann so Sätze „Hast du schon einmal eine von diesen kleinen Kugeln gesehen? Oder sind die gar so gross wie Ameisen, denn die bewegen sich doch?" Ich bin im Grunde gern unter Menschen, aber dieses ständige Unverständnis, ja sogar das Lächerlich-machen, liess mich zu einem Papyrus greifen. Da habe ich alles, was ich so an Ideen hatte, für mich aufgeschrieben.

Thales
Zu deinem letzten Beweggrund: Parmenides würde sicher von der Einfältigkeit der Menschen sprechen. Nun sind wir ja bei den allerkleinsten Partikeln unseres So-Seins gelandet. Bevor wir über deine weiteren Vorstellungen sprechen, möchte ich nun wieder zu Pythagoras zu seiner Zahlenerkenntnis zurückkehren und weiterhin zu seiner Ansicht über Seelenwanderung.

Pythagoras

Ja, es war nicht einfach mit diesen jungen Leuten. Sie wollten alles wissen, so musste ich ihnen erst einmal beibringen, dass Vielwisserei nichts mit Weisheit zu tun hat. Das erste ist nur eine Ansammlung verschiedenster Einzelheiten, die nichts miteinander zu tun haben. Und als nächstes musste ich ihnen klarmachen, was der Unterschied zwischen Erkennen und Erkenntnis ist. Alle streben immer nach Erkenntnis, aber ist das denn erstrebenswert, denn Erkenntnis ist stets ein abgeschlossener Prozess? Nie kann jemand behaupten „jetzt weiss ich alles". Erkennen hingegen ist ein Vorgang, der nie abgeschlossen ist, man kann ständig etwas Neues in sein Leben integrieren. Alles ist im Fluss. Darin erkennt ihr die Aussage von Heraklit wieder.

Irgendwann hatte ich eine Eingebung. Sind nicht Zahlen etwas eminent Wichtiges? Sie begleiten uns vom ersten Atemzug an. Ich möchte fast vorab sagen, Zahlen sind das Wesen der Dinge, das Geheimnis des Lebens.

Ich meine, dass alle Naturerscheinungen von einer höheren Logik gesteuert sind. Besonders beeindruckt hat mich das konstante Verhältnis der Länge der Saiten einer Leier und den Grundakkorden der Musik. Der Schöpfer dieser Welt scheint mit mathematischen Gesetzen die Harmonie der gesamten Natur im Sinn gehabt haben.

Alles beruht auf Harmonie. Freundschaft, Kunst, Musik Auch Gesundheit, diese ist nichts weiter als das Gleichgewicht zwischen Warm und Kalt in einem Lebewesen.

Lasst mich ein paar Worte zu den Zahlen sagen. Sie sind in dieser Welt das weiseste, das es gibt. Aus dem Chaos, wie Hesiod es beschreibt, entstand durch göttliche Fügung die Eins, daraus entstanden erst einmal Punkte, dass Linien und dann ganze Körper und schliesslich der gesamte Kosmos. Wir waren uns einig, die Zahl Zehn, der tetraktys, erschien uns rund und vollendet, ja fast göttlich. Ebenfalls wichtig waren für uns die Zahlen Eins, Zwei, Drei und Vier. Sie bilden das göttliche Dreieck, wie ich es euch hier anzeichne.

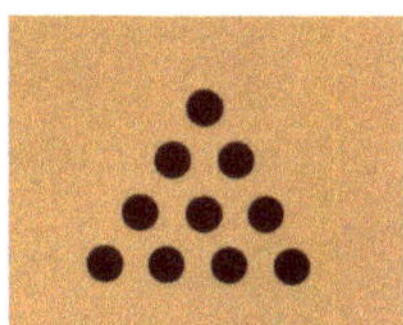

Nun gebt mir eine kleine Pause. Ich möchte euch nachher noch über eines meiner wichtigen Themen berichten, über die Seelenwanderung.

Jetzt ergriff **Anaximenes** nach einiger Zeit wieder das Wort. Wir haben uns über vieles unterhalten. Aber mir fehlt noch eine Betrachtung über all das, was uns auf der Erde und am Himmel begegnet. Wie entstanden die Erde und der Mond und auch die Sonne und natürlich die Lichter der Nacht? Wenn ihr gestattet, würde ich gern meine Theorie präsentieren. Als sich der Urstoff Luft das erste Mal verdichtete, ist die Erde als flache Form entstanden, auf der wir uns ja bewegen. Die Erde ist flach und bewegte sich auf der Luft. Sie liegt wie ein Deckel auf der Luft. Und später: Sonne, Mond und alle Himmelskörper entstanden in der Erde. Wie sie sich von der Erde gelöst haben, ist auch für mich ein Rätsel. Die Sonne, sie ist flach, bewegt sich so schnell, dass eine grosse Hitze entsteht. Alle werden von der Luft getragen. Bei den Sternen ist es etwas anders: Auch sie sind aus der Erde hervorgegangen. Aus ihr ist Feuchtigkeit aufgestiegen, hat sich aufgelockert, es entstand daraus Feuer, das zum Himmel aufstieg und so die Sterne bildete.

Und die Sterne stehen jetzt wie Nägel in eine Eiswand eingeschlagen. Eine Frage hat mich noch beschäftigt: Wo ist die Sonne über Nacht? Sie verschwindet nicht unter der Erde, wie manch einer glaubt. Sondern sie verschwindet hinter den großen Gebirgen im Osten, hinter denen sie unsichtbar wird. Niemand ist bislang so weit gereist, um die Sonne dort zu beobachten.

Thales

Ich habe mir jetzt mit großem Interesse eure Erkenntnisse und Theorien angehört. Jetzt muss ich doch noch einiges von meinen Vorstellungen hinzufügen. Für mich stand ja, wie ihr wisst. das Wasser am Anfang. Meine ersten Erfahrungen entstanden in Ägypten. Dort habe ich die jährliche Nilschwemme beobachtet. Ich konnte mir diesen für die Ägypter ungemein lebenswichtigen Vorgang überhaupt nicht erklären. Dann kam ich auf die Idee: Das muss mit jährlich auftretenden Winden zusammenhängen, die vom Meer her das Wasser wieder in den Nil hineindrücken und die Überschwemmung bewirken. Für die Ägypter war der Nil sogar ein Gott. In den Gesprächen mit den Tempelpriestern kamen wir natürlich auch auf die Pyramiden zu sprechen. Wie hoch mochten sie wohl sein? Nirgendwo gab es in unserer Welt ein höheres Bauwerk. Das liess mir keine Ruhe. Mit meinen damaligen Kenntnissen der Geometrie und der Mathematik fand ich die Lösung. Ich habe bei einem bestimmten Sonnenstand die Länge meines Schattens gemessen und dann den Schatten der großen Pyramide. Dann konnte ich mir die Höhe ausrechnen. Die Priester haben nur gelacht. Das hätten sie schon längst gewusst. Von denen habe ich einiges über Geometrie und Astronomie gelernt, die wiederum gaben an, vieles von den Chaldäern im Zweistromland übernommen zu haben.

Aber ich bin jetzt ein wenig von dem Thema abgekommen, das Anaximenes angeschnitten hat. Also was ist das für ein Gebilde, auf dem wir uns tagtäglich bewegen? Ich glaube, die Erde wird als Scheibe von Wasser getragen, auf dem sie schwimmt wie ein Schiff. Die Welt überhaupt ist Gestalt gewordenes Wasser. Dieses Wasser ist – so kann man es sich vorstellen – ein lebendiger und lebenserzeugender Baustoff von göttlicher Natur. Wenn die Menschen über ein Erdbeben klagen, dann ist es nichts weiter als ein Schwanken durch Bewegungen des Wassers. Die Welt wird durch die Unruhe im Wasser regelrecht geschüttelt und zum Beben gebracht ebenso wie Schiffe bei hohem Wellengang durchgeschüttelt werden.

Pythagoras

Ich habe das Thema Seelenwanderung vorhin nur angedeutet. Aber ich konnte mir beim besten Willen nicht vorstellen, dass so etwas ungeheuer Kompliziertes wie eine Seele, die wir alle in uns haben, nur einmal für jeden entsteht und dann wieder zerfällt. Ich glaube, sie wird über verschiedene Generationen weiter getragen oder vererbt. Sie ist unsterblich. Ein einwandfreies Leben ist der Garant dafür, dass man nicht in einen Körper von niederer Bedeutung übertritt. Es könnten auch andere Arten von Lebewesen sein, zum Beispiel Tiere.

So konnte ich mich an meine früheren Leben erinnern. Früher war ich ein gewisser Aithalides gewesen. Dieser war ein Sohn des Hermes. Der Gott stellte ihm einen Wunsch frei, nur die Unsterblichkeit konnte er ihm nicht versprechen. Und er wünschte sich, alles von ihm Erlebte, sowohl in diesem Leben als auch im Tod behalten zu dürfen. Nach seinem Ableben habe er alles behalten und an Euphorbos weiter gegeben. Ich will euch jetzt aber nicht allzu sehr langweilen, es gab dann noch einige Stationen, bis ich Pythagoras wurde, der hier vor euch sitzt. Auch Unbelebtes, von denen wir glauben, dass es keine Seele hätte, scheint Leben oder etwas Ähnliches in sich zu tragen. Wie könnte es sonst sein, dass Magneteisenstein oder auch ein Bernstein anderes anzieht, worüber du, Thales, anderweitig erzählst.

Später will euch noch von mir und meinen Schülern berichten.

Empedokles:

Mir war das Glück beschieden, dass die Bewohner von Akregas mir so vertrauten, dass ich mich in die politischen Geschäfte einbringen durfte. Dadurch erfährt man durch die Nähe zu den Bürgern einige andere Erkenntnisse als wenn man nur vor sich hin denkt. Es war für mich wichtig, auch andere Bürger an der Verwaltung der Stadt zu beteiligen. Das nannten wir damals schon Demokratie. Ich muss aber gestehen, dass nur ein Teil der Menschen beteiligt wurde. Die Frauen wurden, wie überall in Griechenland, in eine öffentliche passive Rolle gedrängt. (Mit einem Lachen): Welche Herrschaft sie im eigenen Haus ausübten, ist mir nicht so bekannt.

Es hatte sich herumgesprochen, dass die Medizin und die Pflanzenheilkunde mir von grosser Bedeutung waren. So kamen die Bewohner von Akregas und der Umgebung zu mir, um Ratschläge für ihre Gesundheit und wegen ihrer Krankheit zu erhalten. Aus diesen Gesprächen habe ich viel für meine Betrachtung der Welt gelernt. Hass gegen andere ist etwas, was die Menschen selbst krank macht, es ist so als würde man Pfeile gegen sich selbst richten. Liebe und Zuneigung hingegen können einem Menschen helfen wieder zu gesunden oder überhaupt nicht krank zu werden. Im Weltgeschehen wechseln sich offenbar beide Richtungen an, mal herrscht die Liebe vor als verbindendes Element, mal führt der Hass wieder zu Trennungen. Ein paar Worte noch zur Entwicklung der Lebewesen. Ich glaube, erst waren es niedere Organismen, die sich über Pflanzen, Tiere bis hin zum Menschen entwickelten. Am Anfang gab es keine zwei verschiedenen Geschlechter, die sich erst später zu zwei eigenständigen Individuen auseinander entwickelten. Es kursieren so Geschichten, als ob sich die Menschheit nach dem Zustand der Einheit zurücksehnt. Sicher kann Heraklit uns darüber mehr berichten.

Es geistern so einige Erzählungen über mich herum. Glaubt mir, die Hälfte davon ist erfunden oder von Neidern unters Volk gebracht worden. Ich sei arrogant, nur weil ich ein Purpur-Gewand, einen goldenen Gürtel und Sandalen aus Kupfer getragen habe. Wir müssen doch nicht alle gleich gekleidet sein. Gegensätze machen diese Welt erst vollständig und auch farbig, wenn ich dich, Heraklit, richtig verstanden habe.

Thales befürchtete, dass ihm die Regie ein wenig aus der Hand glitt.

Wenn wir schon bei dem Thema Gegensätze sind: Wenn ich so durch Milet ging, dann fragten mich die Leute, warum ich nicht heirate und keine Frau hätte, dann habe ich geantwortet:

Noch ist nicht Zeit dazu. Als ich dann älter wurde und sie mich wieder fragten, habe ich immer gesagt, jetzt sei die Zeit vorbei. Ich habe mich ja mit anderen Dingen beschäftigt, die mir wichtiger erschienen. Am Himmel entdeckte ich das Sternbild des Kleinen Bären, weil der sich weniger mit den anderen Bildern drehte. Das erschien mir für die Schifffahrt wichtig. Und dann ist es mir gelungen, eine Sonnenfinsternis vorher zu sagen, das hat die Mileter sehr beeindruckt. So weit einmal wieder von mir. Bevor ich jetzt Heraklit ums Wort bitte, jetzt noch ein kleiner Beitrag von Pythagoras.

Pythagoras

Es wurden immer mehr Schüler, die meine Vorträge und Lehren besuchten und hier in Kroton blieben. Um sie einigermassen führen zu können, musste ich gewisse Regeln einführen. Sie lebten in einer Gütergemeinschaft und mussten bestimmte Verhaltensweisen einhalten. Von ihrem Wissensstand habe ich sie unterteilt in Mathematiker, die das Recht hatten, Wissen zu erwerben, und Akusmatiker, die nur zuhören durften. Um das Miteinander zustärken, mussten sich die Schüler am Abend drei Fragen stellen: 1. Was habe ich Schlechtes getan? 2. Was habe ich Gutes getan und 3. Was habe ich heute versäumt zu tun? Das mag vorerst einmal genügen. Aber es gibt noch so einige Gemeinschaftsregeln, über die ich noch nachher etwas verlautbaren möchte.

Heraklit

Auf der einen Seite bewundere ich dich, Pythagoras, viele Schüler um dich zu haben. Ich brauche nur wenig Schüler, die sollen mich aber nicht bewundern oder sogar verehren. Ich bin mir selbst genug. Alles andere würde mich nur ablenken. Was die anderen Menschen von mir denken, ist mir völlig egal. Sie denken ohnehin anders als ich, ihr Interesse, gerade hier in Ephesos, galt hauptsächlich dem Wohlleben, dem Essen und Trinken. Es ist traurig, das so deutlich sagen zu müssen. Lasst mich das in einem Satz zusammenfassen: Bestünde das Glück in den Freuden des Leibes, dann dürften wir jeden Ochsen glücklich nennen, der seinen Frass findet. Ich hoffe, ich bin damit keinem von euch zu nahe getreten.

Und dann pilgerten sie immer zum Tempel der Artemis und hofften, dass die Göttin mit Pfeil und Bogen ihnen alle Unbequemlichkeiten aus der Welt befördert. Und zu diesen Götterbildern beten sie, wie wenn jemand mit Häusern schwätzte, ohne eine Ahnung vom Wesen der Götter und Heroen zu haben. Ich für meine Person habe eine gewisse Distanz zu den Göttern. Ihre Art zu leben ähnelt immer mehr der Lebensweise der Sterblichen.

Was Zeus auch alles anstellt, um sich den von ihm begehrten Frauen zu nähern! Immerhin ist er sogar Herr über Blitz und Donner! Über den Raub der Europa will ich gar nicht gross reden, das brachte uns immerhin auf Kreta das Volk der Minoer. Aber dass er sich in Amphitryon verwandelt, dessen Abwesenheit ausnutzt und die Sonne anhält, damit er sich zwei Nächte mit dessen Frau Alkmene amüsieren kann, das macht schon nachdenklich, auch wenn der große Herakles die Folge dieser Nächte war Apollon und Aphrodite will ich gar nicht erst erwähnen, die hatten auch so ihre Schwächen.. Eines ist mir zutiefst zuwider, das Opfern von Tieren, um sich von eigenen Sünden frei zu waschen. Sie reinigen sich vergeblich, indem sie sich mit Blut beflecken, wie wenn jemand, der in den Schmutz getreten ist, sich mit Schmutz abwaschen wollte. Lasst mich über die Bewohner der Stadt noch einen unfrommen Wunsch aussprechen: Möge euch nie euer Reichtum ausgehen, Epheser, damit man euch eurer Entartung überführen kann. Und wenn ich mich so umsehe und über den Markt gehe, habe ich den Eindruck, viele begreifen nicht, was sie selbst in den Händen halten. So, das mag erst einmal genug über meine Mitbewohner sein.

Thales

Es ist bekannt, dass du kein Blatt vor den Mund nimmst. Ich hoffe nur, dass die Epheser nicht alles von dir zu Ohren bekommen. Aber Demokrit, du wolltest dazu noch etwas beisteuern.

Demokrit

Ich war ja lange auf der Suche nach den allerkleinsten Dingen dieser Welt. Aber irgendwann überfiel mich das Gefühl, das kann doch nicht alles sein. Das Leben hat doch ein paar andere Facetten. So begann ich in Abdera die Menschen zu beobachten und zu schauen, was ihnen Glück bedeutet. Wie sie miteinander umgingen. Sie gingen ihrer Arbeit nach, zogen ihre Kinder gross und versuchten so gut es ging, also im Rahmen ihrer Möglichkeiten, ein harmonisches Leben zu führen. Mein Papyros „Eine kleine Weltordnung" handelt davon. Meine Ratschläge an meine Mitbürger war: Übereinstimmung schafft Freundschaften. Lasst euch nicht von euren Leidenschaften hinreissen, sondern versucht so etwas wie eine Seelenruhe anzustreben, die mit Maßhalten und Ausgleich mit anderen einhergeht. Auch das Angenehmste wird verliert seinen Reiz,

wenn es im Überfluss daherkommt. In Zweifelsfällen bedient
euch eures Verstandes. Die Welt ist eine Bühne, wie eine Auf-
führung, du kamst, du sahst und du gingst wieder.

Leukipp:

Mir liessen deine Erkenntnisse, zu denen ich ja beigetragen
habe, keine Ruhe. Wenn alles, was existiert, auch diesen kleinen Bestandteilen besteht, den Atomen, dann muss das ja auch
für den Menschen gelten. Alles an ihm und in ihm muss ja
ebenfalls aus Atomen verschiedener Form und Gestalt bestehen. Wir sehen immer nur das Äussere. Wir nehmen etwas zu
uns und scheiden es verändert wieder aus. Was passiert dann
aber im Inneren des Menschen? Werden dort die Atome verändert, anders zusammen gefügt und damit der Körper aufgebaut? Der Mensch wächst ja oder er verändert sich, wenn er
altert. Wie kann das alles stattfinden? Und wie ist das mit der
Luft, die man ja nicht sehen kann, aber eingeatmet und wieder
ausgeatmet wird? Besteht die auch aus Atomen? Können die
so einfach herumfliegen? Vielleicht ist Empedokles in der Lage
darüber etwas Klarheit zu verschaffen.

Empedokles

Dem Bereich Krankheit und Gesundheit kann man sich aus
zwei Richtungen nähern. Ich habe zwar keine medizinische
Ausbildung, aber die Menschen kamen zu mir, weil ich mir
durch den Kontakt mit den Menschen etwas an medizinischen
Wissen angeeignet habe. Mein Ansatz ging mehr über die seelische Ebene, indem ich Ihnen Mut, Zuversicht und Optimis-
mus versucht habe zu übertragen. Die mehr körperliche Ebene,
und darauf zielt wahrscheinlich deine Frage, habe ich weniger

behandelt. Man sah ja schon vieles auf der Haut, im Gesicht und an den Bewegungen. Dafür habe ich Mitarbeiter gehabt, die sich mit diesen Dingen besser auskannten. Sicher könnte das Wissen über den Zustand und die Form der Atome eine große Hilfe sein, aber das ist für mich noch ein wenig zu kompliziert.

Heraklit

Lass mich kurz eine Erkenntnis zu deinen Medizin-Erklärungen geben. Erst Krankheit macht Gesundheit angenehm und gut, erst Hunger die Sättigung und Erschöpfung das Ausruhen. Das mag im ersten Moment für euch seltsam klingen, aber wenn ihr mal genau darüber nachdenkt, werdet ihr mich verstehen. Denn um bei Krankheit zu bleiben: Wer nie im Leben krank war oder an Schmerzen gelitten hat, wie soll er verstehen oder einsehen, was Gesundheit ist? Ich kann dich, Empdokles, ein wenig verstehen: Du kannst einem deiner Patienten nicht auf den Kopf zusagen: Deine Krankheit ist gut für dich, damit du weisst, was Gesundheit ist. Ich glaube, das würde dir ein allgemeines Missverständnis, wenn nicht gar Zorn der Kranken einhandeln und deinem Ruf schaden. Aber ich muss es noch mal wiederholen: Das eine bedingt das andere. Eines hat ohne das andere keinen Sinn und keine Berechtigung.

Thales

Wir machen jetzt noch einen kleinen Sprung zu einem anderen Gebiet. Ich habe euch vorhin erzählt, dass ich mich durch den Einfluss der Priester Ägyptens viel mit Geometrie und Astronomie beschäftigt habe. Dabei konnte ich neben der Höhe der Cheops-Pyramide zwei Erkenntnisse gewinnen. Manch einer denkt, ich sei auf die Pyeramide hinauf geklettert. Nein, nein, so nicht. Ich kenne ja meine Größe. Ich habe es euch schon geschildert. Hier noch zu meiner zweiten Erkenntnis, die ich den Ägyptern verdanke: Wir haben hier ja eine Tafel und ich will euch das zum leichteren Verständnis an Hand einer Skizze erklären. Nimmt man einen Halbkreis und malt ein Dreieck mit den Endpunkten der Grundlinie und der Spitze an dem Halbkreis ein, so ist der obere Winkel immer rechtwinklig. Skizze

Ihr werdet mit Sicherheit denken, was hat das mit unserem heutigen Treffen zu tun? Wahrscheinlich nicht viel, aber vielleicht für die Landvermesser oder auch für die Seeleute, wenn sie ihre Position auf dem Meer fernab des Landes bestimmen wollen.

Pythagoras:

Es ist gleichgültig, ob zur See oder auf dem Land. Es ist immer wichtig zu wissen, wo man steht. Das gilt auch für das Leben der Menschen. Neben den bereits erwähnten Regeln habe ich versucht, meinen Schülern noch einige Lebensregeln oder Verhaltensweisen deutlichst zu empfehlen. Meistens sind sie durch eigene Erfahrungen gesichert.

Thales

Es hat sich herumgesprochen, dass du mit den Bohnen auf

Kriegsfuss stehst. Hat das einen Grund?

Wenn man sich herumschaute, konnte man sehen, dass den meisten diese Aversion etwas merkwürdig vorkam. Der eine oder andere war bemüht, ein leichtes Lachen zu unterdrücken

Pythagoras:
Solche Entscheidungen oder Aversionen haben oft einen ganz simplen Grund, der häufig in der Jugend begründet ist. Eigentlich wollte ich euch nicht mit solch familiären Dingen langweilen, aber jetzt ist das Thema bereits angeschnitten. Meine Mutter war immer sehr besorgt um mich und sie meinte, dass Bohnen wichtig für meine Gesundheit seien. Nun hatten wir gleich in der Nähe unseres Hauses ein großes Bohnenfeld. Und so gab es bei uns zu Hause häufig Bohnen. Ich konnte sie irgendwann einfach nicht mehr ertragen. Ja, selbst das Wort „Bohnen" führte bei mir schon zu Übelkeit. Und das habe ich meinen Schülern auch vermittelt. Es gibt noch einige Verhaltensmassregeln, die ich versuchte meinen Schülern anzudienen.
Sie sollten das Brot nicht brechen, denn das könnte auch symbolisch die Trennung einer Freundschaft bedeuten. Dann möglichst nicht das Feuer mit dem Eisen zu schüren, es könnte zu einer Verstärkung des Feuers führen. Und wenn sie schon unbedingt Fleisch essen wollten, dann sollten sie das Herz des Tieres nicht anrühren. Es besteht die Gefahr, da im Herz so etwas wie die Seele des Tieres liegt, dass man wie ein Tier werden könnte. So, jetzt könnt ihr euch auf alles einen Reim machen, jeder wie er mag..

Thales: Wie man sieht, kleine Ursachen, große Wirkung. Da ich gerade das Wort Seele höre: Ich denke, alle Dinge sind beseelt. Nehme ich einen Nagel und einen Magneteisenstein. Dann zieht der Stein den Nagel an. Nur wenn in ihm Leben ist, vermag er anderes zu bewegen. Nun aber noch einmal zurück zu Heraklit.

Heraklit: Ihr habt euch in euren Aussagen oftmals auf mich bezogen. Ich bin der Ansicht, dass ich meine Gedanken etwas ausführlicher darstellen sollte.

Hier unterbracht ihn **Thales.**
Bevor du ausführlicher weiter gehst, möchte ich von dir noch eine Erklärung, die ich im Grunde schon lange erläutert haben wollte. In deinen Ausführungen taucht oft das Wort *„logos"* auf. Kannst du uns einmal erklären, was du unter diesem Wort verstehst?

Heraklit
Ihr mögt das leider nicht verstehen, aber mir macht es regelrecht Freude, wenn andere in meinen Worten keinen Sinn finden oder wenn sie darüber grübeln und es ihnen nicht gelingt, Zusammenhänge zu finden. Oder dass sie sogar noch über die Deutung in Streit geraten. Für die einen heisst *„logos"* so viel wie Sprache. Wenn man weiter geht, kann man das Wort auch wie folgt deuten: Gedanke, Wahrheit, Vernunft. Ich sehe darin aber mehr. Es ist etwas, das im Verborgenen dafür sorgt, dass sich die Gegensätze nicht aufheben, sondern in ihrer Art als solche bestehen bleiben. Wenn ich ausnahmsweise eine Konzession einflechten kann, dann liegen die Begriffe *apeiron* von

Anaximander und *nous* von Anaxagoras gar nicht so weit von meiner Intention.

Anaxagoras
Wo du gerade meinen Namen erwähnst. Wir haben vorhin das Thema Astronomie kurz angeschnitten, Anaximenes hatte es erwähnt. Ich möchte dazu noch einige Worte sagen.

Der Mond, den ja viele Menschen, besonders die Frauen, so bewundern, ist nichts weiter als ein kalter Stein, der sein Licht von der Sonne ausleiht. Und die Sterne sind glühende Steine, die atemberaubend schnell am Himmel kreisen. Wenn sie zu langsam werden, stürzen sie auf die Erde. Ihr habt sicher schon mal die vielen Sternschnuppen an manchen Tagen im Jahr gesehen. Die Kometen sind Sterne, die nie auf die Erde stürzen, sondern mit ihrem langen Schweif die Menschen beunruhigen, denn sie befürchten Unheil. Ich habe mir auch Gedanken über das Wetter gemacht, das es ja in der Regel niemandem recht machen kann. Winde und Sturm entstehen durch die Einwirkung der Sonne, die die Luft erhitzt. Und wenn dunkle Wolken zusammenstossen, dann regnet es und es blitzt und donnert. Auch im Inneren der Erde gibt es Luftmassen. Wenn die unruhig werden, dann bebt die Erde. Bislang hat sich aber noch keiner von euch darüber ausgelassen, wie die Menschen eigentlich entstanden sind. Ich denke, sie haben sich aus der Feuchtigkeit entwickelt. Zuerst haben sie sich allein fortgepflanzt. Die männlichen Kinder stammten aus dem rechten Inneren der Mutter, die weiblichen hingegen aus der linken Seite. Sie wurden schneller intelligent als die Tiere, da sie ihre Hände, die ihnen geschenkt wurden, zu ihrem Vorteil gebrauchen konnten. Wie jedoch die Pflanzen entstanden sind, das ist mir noch unklar.

Demokrit

Darüber habe ich auch noch gar nicht nachgedacht. Mit den Atomen hat das ja direkt nicht viel zu tun. Ich war ja ebenfalls in Athen, aber ich habe es dort schwer gehabt. Die Athener steckten voller intellektueller Vorurteile. Sobald sie gewahr wurden, dass ich aus Abdera stammte, meinten sie immer: Ach, den kann man nicht für voll nehmen, aus Abdera ist noch nie etwas Gescheites gekommen. Ich weiss, dass ich mich oft über dich, Anaxoras, lustig gemacht habe. Vor allem über das Wort ,nous', mit dem du die Leute oft gelangweilt hast. Dann glaubte ich auch, dass die Ansichten über Mond und Sonne nicht von dir stammten. Du hast dich ja revanchiert, indem du mich bei meinem Wunsch, in die Athener Schule eintreten zu wollen, hast durchfallen lassen. Aber das ist lange her. Und wo wir jetzt hier so zusammensitzen und diskutieren, kann ich nur sagen: Das ist längst vergessen, ich trage dir nichts nach.

Thales

Ich halte es für gut, Animositäten und Feindschaften nicht für immer aufrecht zu erhalten. Oder wie siehst du das, Heraklit. Kränkung und Vergebung sind doch im Grunde Gegensätze. Sollte man daher in deinem Sinn diesen Gegensatz auf irgendeine Weise aufheben?

Heraklit

Ich will mich nicht als Richter aufspielen. Aber wenn du mich so direkt fragst: Sie lösen sich auf und es sollte daraus etwas Neues entstehen. Zum Beispiel: Vertrauen, Erleichterung, Freiheit. Bis man erneut im Leben wieder auf Gegensätze stösst, die es aufzuheben oder zu lösen gilt. Und ihr beide, Anaxagoras und Demokrit – könnt ihr mir da zustimmen.

Beide nickten nur wortlos.

Thales

Wie ihr ja alle wisst, haben die Perser nach ihrem Sieg über die Lyder, so nach und nach ganz Ionien erobert. Hat einer von euch Kontakt mit den Persern gehabt oder hat einer von denen um Rat bei euch angehalten?

Demokrit

Ja, bei mir in Thrakien sind sie auch eingefallen. Ich hatte Kontakt mit ihrem König Darius. Er brachte mich in eine schwierige Situation und fragte mich, wie ich ihn am besten über den Tod seiner über alles geliebten Frau hinwegtrösten könne. Nach langem Überlegen antwortete ich ihm: „Ich gebe dir hiermit ein Papyros. Darauf hatte ich geschrieben: Beschaffe mir alle die Dinge, die ich auf dieses Papyros geschrieben habe und ich verspreche dir, dass ich sie wieder zum Leben erwecken werde." Der König machte sich sogleich auf, um die Wünsche zu erfüllen. Aber bei der letzten Forderung musste er aufgeben. Es war nicht möglich, auf den Grabstein der Königin die Namen von drei Männern einzuschreiben, die in ihrem Leben noch keinen Schmerz erlitten haben. Da sagte ich mutig zu ihm: „Großer König, du weinst unvernünftig, als wärst du auf der Welt der einzige, der ein solches Unglück erlitten hat." Der König schaute mich unter Tränen an und gab mir die Hand.

Hätte ich mich am Hof von Darius wohlgefühlt? Ich weiss es nicht. Zwar hatte ich mal verkündet: Einem weisen Mann steht jedes Land offen, denn einer trefflichen Seele Vaterland ist das Weltall. Das klingt natürlich sehr weiträumig, doch ich weiss nicht, ob meine Ideen am persischen Hof so ohne weiteres akzeptiert worden wären. Ich bin dann doch nach meinem Umherreisen in Abdera geblieben.

Heraklit

Dazu kann ich ebenfalls eine kleine Geschichte beisteuern. Ich habe mich nie für das Politische interessiert. Als Erstgeborener standen mir gewisse Vorteile und Vorrechte zu. Als man mich bat, als Würdenträger unsere Stadt zu repräsentieren, habe ich zugunsten meines Bruders abgelehnt. Ich wollte meine eigenen Entscheidungen treffen und nicht irgendwelchen Pflichten unterliegen. So habe ich einmal mit ein paar kleinen Jungen auf dem Platz vor dem Artemis-Heiligtum Würfel gespielt. Auf die Vorwürfe meiner Mitbürger habe ich da nur geantwortet; „Ihr Nichtswürdigen, was wundert ihr euch? Ist es nicht besser, dies hier zu tun als mit euch das Ruder des Staates zu führen?"

Jetzt direkt zu deiner Frage: Eines Tages erhielt ich ein langes Schreiben des Königs von Persien, in dem er mich bat, der Runde der weisen Männer beizuwohnen, die er an seinem Hof um sich versammelt hatte. Er versprach, mich mit Gold zu belohnen. Aber ich habe diesen sicher einträglichen Posten mit folgenden Worten abgelehnt: „Ich fliehe die Sättigung alles angeborenen Neides, da ich mit wenigem, was mir gefällig ist, zufrieden bin." Da unterschied ich mich schon erheblich von meinen Ephesern. Was ich von denen halte, das habe ich euch vorhin schon berichtet.

Anaximander

In all euren Beiträgen ist mir aufgefallen, dass niemand sich darüber Gedanken gemacht hat, wie wir, also der Mensch entstanden ist und dass es zwei Geschlechter gibt. Ich habe dazu eine eigene Ansicht entwickelt.

Der Mensch ist am Anfang mit Schuppen, ähnlich einem Fisch, bedeckt gewesen, als er in einer wässrigen Substanz, einer Art lehmiger Brühe, geboren wurde. In dieser Umgebung konnte er aber nicht überleben, daher wurde der Mensch, oder was damals eben menschenähnlich war, seine gesamte Kindheit im Maul fischähnlicher Tiere herumgetragen und ausgebrütet. Dann schlüpfte er aus, befreite sich von seinen Schuppen und konnte endlich aus eigener Kraft durchs Leben gehen. Es mag sein, dass diese Vorstellung etwas kühn ist, weil auch noch keiner von uns, weder hier in Hellas noch in den anderen Ländern eine von den eventuell noch überlebenden Zwischenstufen gesehen hat. Du, Demokrit gibst ja an, von uns allen am meisten herumgekommen zu sein. Ist dir in der Ferne irgend etwas begegnet, was meine Gedanken stützen könnte?

Demokrit

Nein, mir ist nichts derartiges aufgefallen. Die einzigen gravierenden Unterschiede an den Menschen anderer Länder betrafen nur die Hautfarbe und die Haare. Vielleicht waren die Zwischenstufen, die du meinst, schon längst ausgestorben oder sie hielten sich noch im Schlamm versteckt.

56

Anaximander

Was mir nicht bekannt ist, wo sich diese Entwicklung abgespielt hat. Bei uns hier, oder in Ägypten oder bei den Chaldäern. Bei den Ägyptern kann ich es mir am ehesten vorstellen. Denn für sie ist ja das wässrige Element, der Nil, so lebensbestimmend. Man sagt ja, dass der Nil für sie ein Gott ist. Ihr, Thales, Pythagoras und auch du, Demokrit, ihr habt doch so engen Kontakt mit den Priestern Ägyptens und ihrem Geheimwissen gehabt, haben sie irgendwelche derartige Vorstellungen gehabt?

Thales

Wenn ich kurz auf diese Frage eingehen darf. Sie lebten in einer anderen Vorstellungswelt. Sie stellten nicht solche Fragen, wie wir sie hier stellen. Die Priester gaben den Menschen die Welt und das gesamte Geschehen um sie herum vor und sie übernahmen es als gegeben oder auch gottgegeben. In diesem Zusammenhang ist eine andere Beobachtung von Bedeutung: Die Schlange war für sie ein heiliges Tier, sie glaubten, Schlangen seien unsterblich. Sie beobachten die Schlangen, die sich häuteten, die alte Haut wie etwas Gebrauchtes fort warfen und dann weiter lebten.

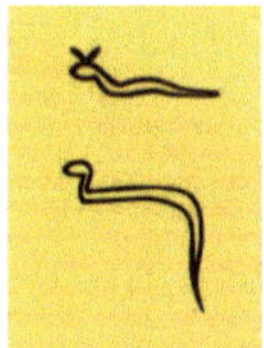

In ihren Schriften, den Hieroglyphen, haben die Schlangen sogar ein eigenes Zeichen. So, das fiel mir gerade ein, obwohl es nicht direkt zu deiner Frage passt.

Anaximander

Anaximenes hat vorhin über die Erde, Sonne, Mond und Sterne gesprochen. Irgendwie sind wir von diesem Thema wieder abgekommen. Auch ich habe mir unter anderem auch darüber Gedanken gemacht. Aus dem was ewig existierte, dem *apeiron*, trennten sich das Warme und Kalte ab. Alsdann bildete sich um die Erde herum wie ein Ring eine Feuersphäre. Sie hielt aber nicht lange und zerriss. Daraus entstanden einige kleinere Kreise aus denen sich dann die Sonne, der Mond und die Sterne bildeten. In ihnen kann man noch die Reste des Feuers erschauen. In der nächsten Entwicklungsstufe entstanden das Warme und das Kalte. Das eine bewegte sich nun an die Aussenseite des Universums, das andere ins Zentrum. Auf diese Weise entwickelten sich die Trockenheit und die Feuchtigkeit, zwei Gegensätze also, die fortan in einer Art ständigem Streit lagen. Im Sommer, in der Hitze, stieg Wasser als Dampf in die Luft. Im Winter hingegen wurde die Feuchtigkeit zum Sieger und aus den Wolken strömte Wasser auf die Erde oder es fiel Schnee in den Bergen.

Das *apeiron*, über das ich ja euch schon berichtet habe, sorgte ausgleichend dafür, dass keines von beiden allein die Herrschaft übernahm. Ich denke, auch in allen Lebewesen scheint es ähnlich zu sein. Heiterkeit und Ernst, Umtriebigkeit und Ruhe sollten in einem vernünftigen Rhythmus einander abwechseln. Man sieht es auch an vielen Pflanzen und Bäumen. Sie blühen, grünen und werfen dann ihr Kleid ab um sich für die nächste Phase zu regenerieren.

Thales

Lieber Demokrit, unser Treffen nähert sich langsam dem Ende

zu, Aber vorher habe ich noch Fragen an dich. Du hast ja „Die kleine Weltordnung" geschrieben, die sicher der eine oder andere von uns vielleicht schon zu Gesicht bekommen hat. Ich nehme einmal an, dass auch du der Ansicht bist, dass in jedem Menschen so etwas steckt, das wir als Seele bezeichnen wollen. Wenn ich dich richtig verstanden habe, dann setzt sich alles aus diesen kleinsten Bestandteilen zusammen. Wie steht es nun um die Seele?

Demokrit

Es gibt keine Ausnahmen. Alles was existiert, muss ja aus irgendetwas zusammengesetzt sein. Sonst könnte es sich nicht in die Leere ausdehnen. Die Leere ist wiederum die Voraussetzung, dass Entwicklung stattfinden kann. Entwicklung durch Bewegung. Irgendwo hinein muss sich etwas Auszubildendes hinein entwickeln. Daher gehe ich auch mit den Ansichten von Parmenides nicht konform. Das Nicht-Seiende ist nicht die Leere.

Aber jetzt zu deiner Frage. Ja, es gibt auch Seelen-Atome. Diese zeichnen sich durch eine bestimmte Form aus, sie sind rund. Aber sie können nicht ohne einen Körper existieren. Der Bezug zum Körper des Menschen ergibt sich daraus, dass ein Seelen-Atom von zwei andersgeformten Atomen umschlossen ist und somit der enge Zusammenhalt mit dem Körper gewährleistet wird. Ich hoffe, ich habe damit deine Frage beantwortet.

Thales

Lieber Demokrit, nimm mir es nicht übel, wenn ich noch mal mit einer Frage auf dich zukomme. Aber ich ehe ich es vergesse: Ein Wort von dir hat mir sehr imponiert: „Das Wort, der Tat Schatten".

Nun wieder zu den Atomen. Auch der Körper des Menschen ist ja deiner Definition zufolge eine Ansammlung von Atomen. Ich frage mich, wie kann ein so zweckvoll und praktisch konstruiertes Wesen wie es der Körper des Menschen nun mal ist, nur durch das mechanische Zusammenspiel von Atomen entstanden sein oder funktionieren?

Ich denke da nur an die Augen, die Ohren, Arme und Beine, um nur einige zu nennen. Mit dem Inneren des Körpers kennt sich Empedokles bestimmt besser aus. Was macht die Luft und die Atome darin, die wir einatmen, bei uns im Körper? Wie sind sie verändert, wenn wir sie wieder ausatmen?

Wie steht es mit unseren Empfindungen? Wenn wir etwas als schön empfinden, eine Blume beispielsweise oder eine Marmorstatue? Oder mit unserem Urteilsvermögen hinsichtlich Gut und Böse, Recht und Unrecht? Kann man das alles mit dem Wirken von Atomen erklären, die sich zusammenfinden und wieder auseinander gehen?

Demokrit
Das sind jetzt viele Fragen auf einmal. Wenn ich jetzt einmal sämtliche Aussagen des heutigen Tages durchdenke, dann könnte ich mir vorstellen, dass den einzelnen Atomen so etwas inne wohnt, das ihr als *apeiron* oder *nous* beschrieben habt.

Wie sonst ist es möglich, dass sie sich gegenseitig erkennen und nach einer Art Plan an für sie geeigneten und passenden Stellen zusammenfinden.

Um aus den entgegengesetzten Meinungen über das Wesen der Dinge eine Zusammenfassung oder eine Konklusion zu bilden, würde ich doch nun wieder einmal Heraklit bitten, zu allem seine Meinung zu sagen.

Heraklit

Ich möchte es in ein paar Sätzen zum Abschluss sagen: Eine wundervolle Harmonie entsteht, wenn wir das scheinbar Unverknüpfte in Verbindung bringen. Wir sind oft ungeduldig, sollten aber eines wissen: Der Kosmos spricht in Mustern. Und um das von mir bereits Gesagte zu ergänzen: Was sich entgegenstellt bringt Nutzen. Wir wollen immer, manchmal fast verzweifelt Ordnung in alles bringen, aber ich sage euch: Die schönste Ordnung ist ein wahllos zusammengekehrter Haufen Kehricht.

Und zum Schluss noch ein paar tröstende Worte: Erwarte das Unerwartete sonst wirst du es nicht finden. Ich hoffe auf jeden Fall, dass ich euch nicht allzu viel zugemutet habe. Aber die Sonne ist jeden Tag neu. Nun, ich sehe, Thales drängt zur Eile und so möchte ich ihn nicht warten lassen.

Thales

Du, Heraklit, hast wieder, wie es deine Art ist, Stoff zum Nachdenken, zum Grübeln und zum Überlegen unter uns ausgebreitet. Ich hoffe, ich spreche im Namen alles, wenn ich ganz einfach danke sage.

Liebe Freunde, es ist spät geworden. Und wenn ich auf unsere Erkenntnisse zurückgreifen darf. Alles hat seine Zeit. Eine Bitte noch an uns alle: Wir sollen versuchen, die Arroganz und Eingebildetheit, die man uns nachsagt, hintan zu stellen und für die, die uns suchen und brauchen, da zu sein.

Nach einem solch intensiven Gedankenaustausch gebietet uns

die Natur, uns zu trennen, also auseinander zu gehen und dass
in der Ruhe und Abgeschiedenheit neue Ideen heranreifen, die
für ein neues Symposium gedacht sind.

Bleibt weiter so einfallsreich

Und lasst den Zweifel nicht ruhen. Nur wenn man Altherge-
brachtes hinterfragt kann man zu neuen Ufern des Geistes ge-
langen.

Was uns alle auszeichnet, ist: Wir stellen Fragen und nehmen
nicht einfach alles so ohne weiteres hin. Wer keine Fragen
stellt, bleibt stehen und erhält keine Antworten.

Darum wünsche ich euch allen und auch mir, dass uns die
Fragen nie ausgehen werden.

Verehrung des Homer
(Paris, Louvre)

Da die meisten Vorsokratiker sich aus dem Verflocht-
ensein mit dem Wirken der Götter befreien wollten,
ist ihre Einstellung zu Homer etwas distanziert.
Parmenides als einziger legte ein Wort für ihn ein

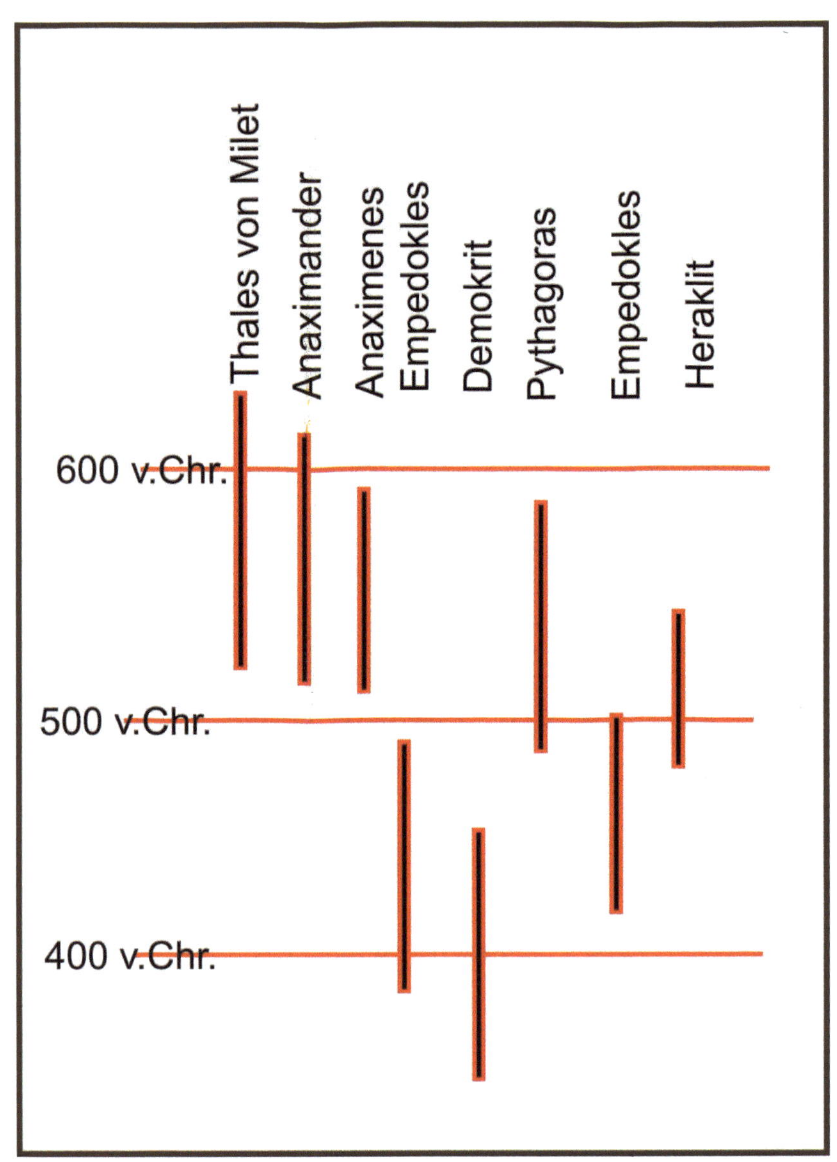

Die Lebenszeiten der erwähnten Vorsokratiker

Literatur

Von Oech, Roger; Was würde Heraklit tun? Griechische Weisheiten für den Alltag; 2002, O.W.Barth

Crescenco, de Luciano; Geschichte der griechischen Philosophie, Die Vorsokratiker, 1985, Diogenes

Crescenco, de Luciano; Alles fließt, sagt Heraklit; 1997, btb, Goldmann-Verlag

Osho; Die Verborgene Harmonie, 2013, Innenwelt Verlag

Geyer, C.F.; Die Vorsokratiker; 1995, Junius-Verlag

Die Vorsokratiker; 1997, Anaconda-Verlag

Diogenes Laertios; Leben und Lehre der Philosophen; 1998, Reclam-Verlag

Grabner-Haider, A.; Die wichtigsten Philosophen; 4. Afl. 2014; matrix-Velag

Hesiod; sämtliche Gedichte, 2. Aufl. 1984; Artemis-Verlag

Heuser, H.; Als die Götter lachen lernten; Griechische Denker verändern die Welt; 2.Aufl.;1997; Piper

Hölscher, U.; Parmenides; Vom Wesen des Seienden; 1986; Suhrkamp TB

Kranz, W.; Griechische Philosophie; 2019, Anaconda-Verlag

Rapp, Chr.; Die Vorsokratiker; 2. Aufl; 2007, Verlag C.H.Beck

Röd, W.; Kleine Geschichte der antiken Philosophie; 1998, Beck'sche Reihe

Störig, H.J.; Kleine Weltgeschichte der Philosophie; 1961, Bertelsmann

Volkmer, D.; Demokrit; Vom Mythos zur Atom-Theorie; 2023; Books on Demand

Volkmer, D.; Gefangene der Zeit, Betrachtungen eines
„Insassen"; 2018, Books on Demand
Volkmer, D.; Ein Universum voller Fragen; Anfang und
Ende; 2023, Books on Demand
Volkmer, D.; Die Dichterin Sappho; Ihre Heimat, ihr
Leben, ihre Gedichte, Books on Demand, 2022
Weischedel, W.; Die philosophische Hintertreppe; 15.
Aufl. 1995, dtv

**Athos
Unterwegs im Garten der
Gottesmutter**

Verlag Books on Demand

Näheres unter
www.literatur.drvolkmer.de

Griechische Momente

Unterwegs in Griechenland

Verlag Books on Demand

Näheres unter
www.literatur.drvolkmer.de

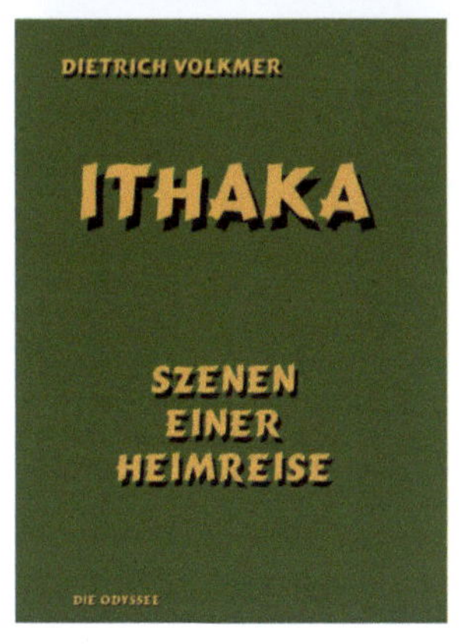

**Ithaka
Szenen einer Heimreise**

Verlag Books on Demand

Näheres unter
www.literatur.drvolkmer.de

**Sappho
Ihre Heimat, ihr Leben, ihre
Gedichte**

Verlag Books on Demand
Näheres unter
www.literatur.drvolkmer.de

**Helena und Paris
Eine dramatische Liebesge-
schichte**

Verlag Books on Demand

Näheres unter
www.literatur.drvolkmer.de

**Alexander und Aristoteles
Eine späte (fiktive) Begegnung in
Babylon**

Verlag Books on Demand

Näheres unter
www.literatur.drvolkmer.de

**Helena
Die Geschichte einer schönen
Frau**

Verlag Books on Demand

Näheres unter
www.literatur.drvolkmer.de

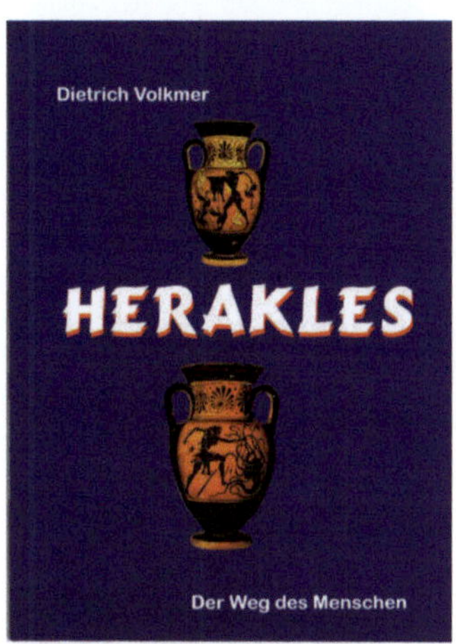

**Herakles
Der Weg des Menschen**

Verlag Books on Demand

Näheres unter
www.literatur.drvolkmer.de

**Mars im Spiegel
Mythologisch-bißliche
Betrachtungen**

Verlag Books on Demand

Näheres unter
www.literatur.drvolkmer.de

Antigone
Tagebuch einer Königstochter

Verlag Books on Demand

Näheres unter
www.literatur.drvolkmer.de

Kassandra
Die Seherin von Troja

Verlag Books on Demand

Näheres unter
www.literatur.drvolkmer.de

Aphrodite
Die geheimnisvolle Göttin

.... und sie entstieg dem Meer

Verlag Books on Demand

Näheres unter
www.literatur.drvolkmer.de

Raum für Notizen